Impressum
Verlag: BABADADA GmbH, Nedderfeld 112 , 22529 Hamburg
Geschäftsführer / Verlagsleitung: Harald Hof
Druck: Books on Demand GmbH, In de Tarpen 42, 22848 Norderstedt

Imprint
Publisher: BABADADA GmbH, Nedderfeld 112 , 22529 Hamburg, Germany
Managing Director / Publishing direction: Harald Hof
Print: Books on Demand GmbH, In de Tarpen 42, 22848 Norderstedt

學校

dibistan

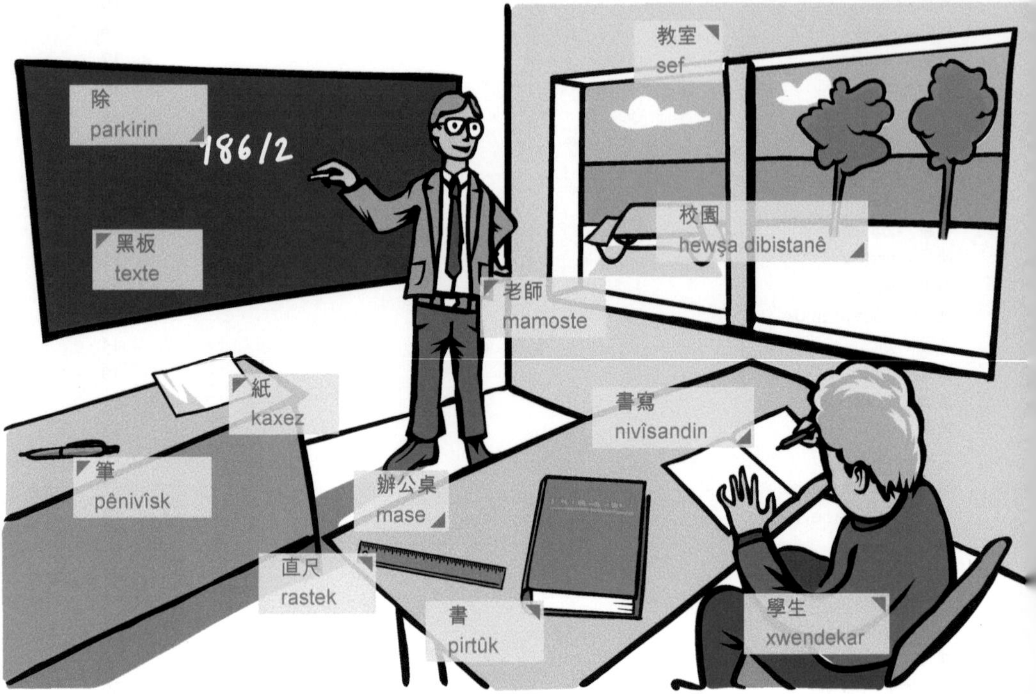

教室
sef
除
parkirin
186/2
黑板
texte
校園
hewşa dibistanê
老師
mamoste
紙
kaxez
書寫
nivîsandin
筆
pênivîsk
辦公桌
mase
直尺
rastek
書
pirtûk
學生
xwendekar

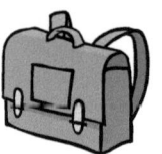

書包

çewal

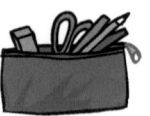

鉛筆盒

qûtî nivîstok

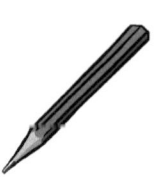

鉛筆

qelemrisas

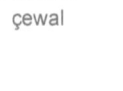

削鉛筆機

nivîstok tûjkir

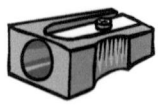

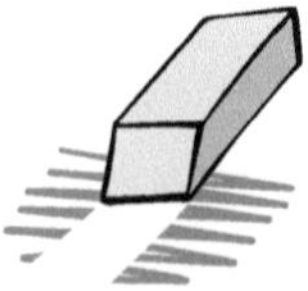

橡皮擦

jêbir

畫板

nivîska nîgarê

圖畫

nîgar

畫筆

firçeya rengê

顏料盒

qûtî reng

剪刀

meqes

膠水

lezaq

練習冊

pirtûka fêrbûn

家庭作業

wezîfa malê

12

數字

hejmar

2+2

加

zêdekirin

5-2

減

derxistin

2×2

乘

zêdekirin

計算

hesibandin

A

字母

tîp

ABCDEFG HIJKLMN OPQRSTU VWXYZ

字母表

alfabe

hello

字

peyv

課文
nivîsê

讀
xwandin

粉筆
geç

上課
ders

登記
qeydkirin

考試
îmtîhan

證書
şehade

校服
kinca dibistanê

教育
perwerdehî

百科全書
zanistname

大學
zanîngeh

顯微鏡
mîkroskûp

地圖
xerîte

廢紙簍
sepeta kaxezê

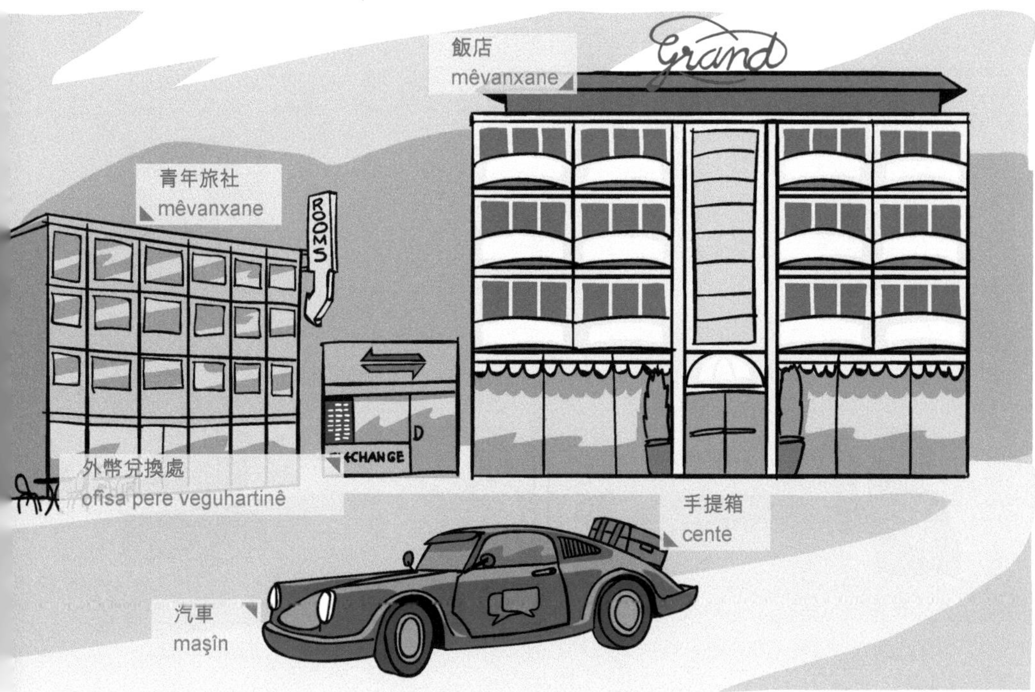

Grand
飯店
mêvanxane
青年旅社
mêvanxane
ROOMS
CHANGE
外幣兌換處
ofisa pere veguhartinê
手提箱
cente
汽車
maşîn

語言

ziman

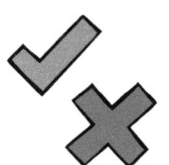

是/否

belê / na

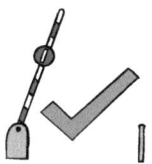

好的

baş

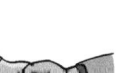

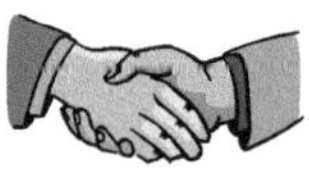

您好

silav

翻譯人員

wergêra nivîskî

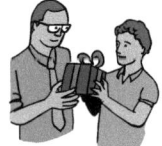

謝謝

sipas

……多少錢？

bihayê … çi qase?

我不明白

ez fam nakim

問題

pirsgirêk

晚上好！

êvarbaş!

早上好！

beyanî baş!

晚安！

şev baş!

再見

xatirê te

方向

alî

行李

hûrmûr

包

çente

背包

çente pişt

客人

mêvan

房間

ode

睡袋

came xew

帳篷

çadir

旅行資訊
agagiyên gerokan

海灘
rexê avê

信用卡
kartê qerzê

早餐
taştê

午餐
firavîn

晚餐
şîv

票
kart

電梯
asansor

郵票
pûl

邊界
tixûb

海關
gumirk

大使館
balyozxane

簽證
vîza

護照
pasaport

交通運送

guhaztin

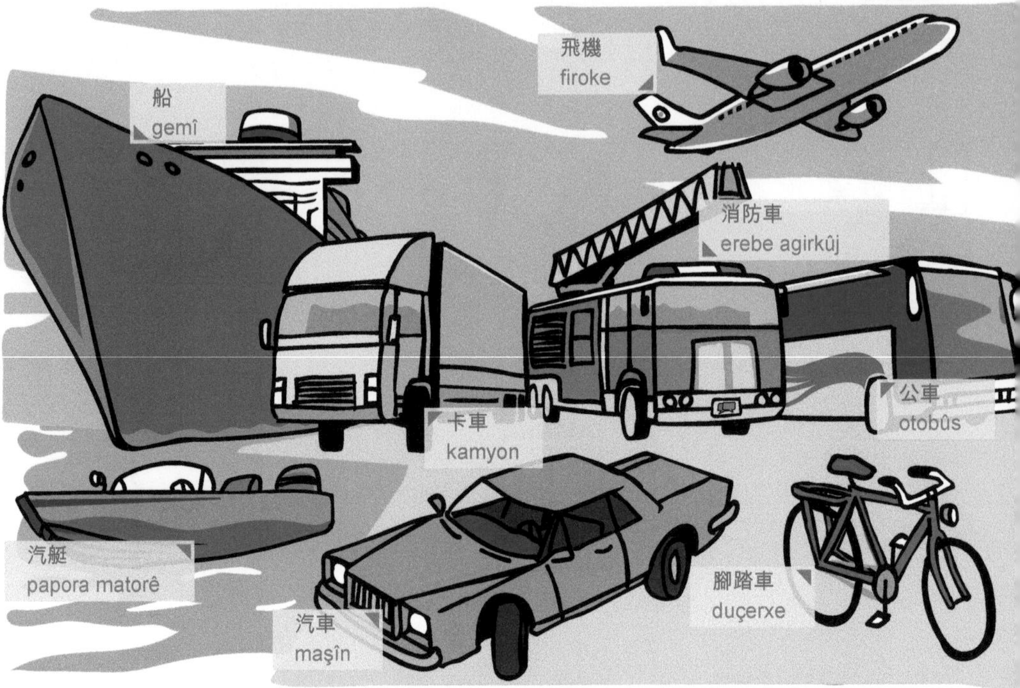

飛機
firoke
船
gemî
消防車
erebe agirkûj
公車
otobûs
卡車
kamyon
汽艇
papora matorê
腳踏車
duçerxe
汽車
maşîn

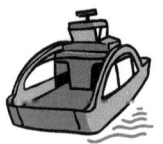

渡輪

papor

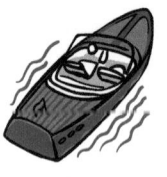

小船

papor

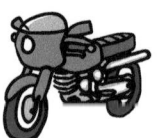

機車

motorsîklêt

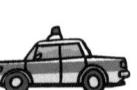

警車

trimbêla polîsê

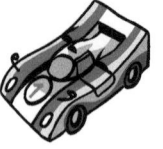

賽車

trimbêla pêşbaziyê

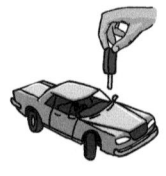

租車

erebe kirêkirinê

拼車

maşîn pervekirin

拖車

kamyona kişandinê

垃圾車

kamyona xwelî

馬達

motorsîklêt

汽油

mazot

加油站

îstegeha benzînê

交通標識

tabloya tirafîkê

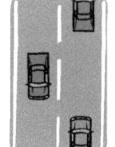

交通

hatinûçûn

交通堵塞

tirafîk

停車場

cihê parkê

火車站

rawesteka trênê

軌道

rêç

火車

trên

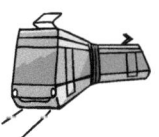

路面電車

trênê kolanê

客車廂

erebe

直升機

babirok

機場

balafirgeh

塔

birc

乘客

misafir

集裝箱

qûtî

紙板箱

qûtî

手推車

girgirok

籃子

selik

起飛/降落

rabûn / nîştin

城市

bajar

村莊

gund

市中心

navenda bajarê

房子

xanî

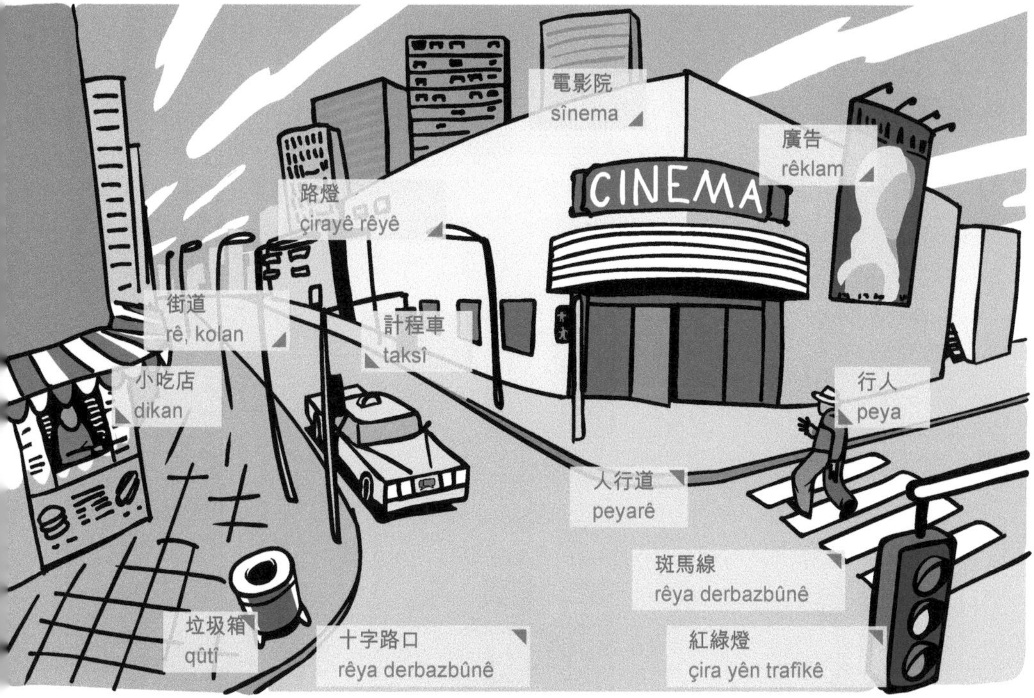
電影院
sînema
CINEMA
廣告
rêklam
路燈
çirayê rêyê
街道
rê, kolan
計程車
taksî
小吃店
dikan
行人
peya
人行道
peyarê
斑馬線
rêya derbazbûnê
垃圾箱
qûtî
十字路口
rêya derbazbûnê
紅綠燈
çira yên trafîkê

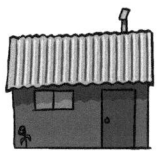

小屋

kox

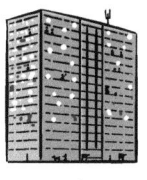

公寓

xanî

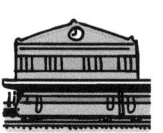

火車站

rawesteka trênê

市政廳

telara şarevanî

MUSEUM

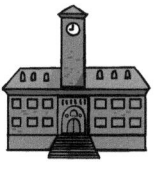

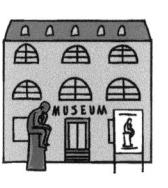

博物館

mûzexane

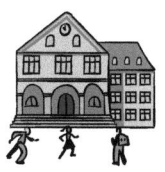

學校

dibistan

大學

zanîngeh

銀行

bank

醫院

nexweşxane

飯店

mêvanxane

藥房

dermanxane

辦公室

ofîs

書店

kitêbfiroşî

商店

dikan

花店

gulfiroş

超市

bazar

市場

bazar

百貨商店

supermarket

魚店

masîfiroş

購物中心

navenda kirrîn

海港

bender

公園
park

長凳
sekû

橋
pir

樓梯
derince

捷運
jêr erdê

隧道
tunnel

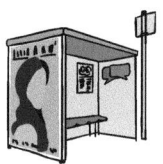

公車站
îstgeha otobûs

酒吧
bar

餐館
xwaringeh

郵筒
sindûqa postê

路標
nîşanderka rêyê

停車計時器
metra parkîngê

動物園
baxça heywanan

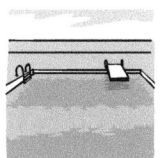

游泳池
hewza melevanî

清真寺
mizgeft

農場

cotgeh

污染

lewitandina derdor

墓地

goristan

教堂

kenîse

操場

erdê leyistinê

寺廟

perestgeh

地形

tebîet

樹葉
gela

指示牌
nîşanderka rê

路
rê

草地
mêrg

石頭
kevir

樹
dar

徒步旅行者
gerok

河
çem

草
giya

花
kulîlk

峽谷

dol

丘陵

gir

湖

gol

森林

daristan

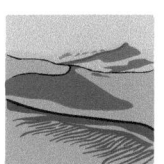

沙漠

beyaban

火山

volkan

城堡

keleh

彩虹

keskesor

蘑菇

kivark

棕櫚樹

darqesp

蚊子

mixmixk

蒼蠅

mêş

螞蟻

mêrî

蜜蜂

hing

蜘蛛

pîrê

甲蟲
kêzik

青蛙
beq

松鼠
sihor

刺蝟
jîjok

野兔
kerguh

貓頭鷹
pepûk

鳥
çivîk

天鵝
qû

野豬
berazê kovî

鹿
pezkovî

麋鹿
pezkovî

水壩
bendav

風力發電機
tûrbîna ba

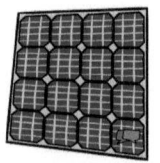

太陽能電池板
panela xorê

氣候
av û hewa

餐館

xwaringeh

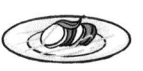

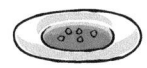

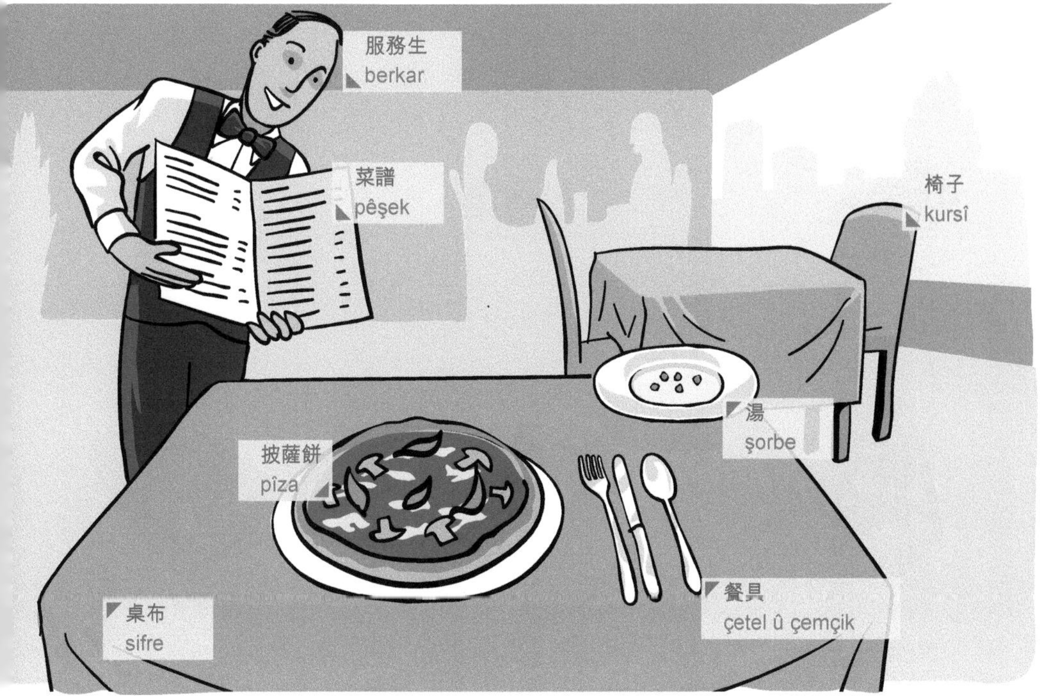
服務生
berkar
菜譜
pêşek
椅子
kursî
湯
şorbe
披薩餅
pîza
餐具
çetel û çemçik
桌布
sifre

前菜

xwarina destpêk

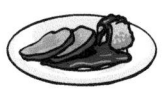

主菜

xwarina serekî

甜點

şêranî

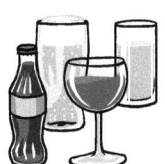

飲料

vexwarinan

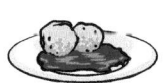

食物

xwarin

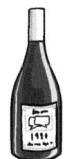

瓶子

cam

速食
xwarina lez

街邊小吃
xwarina rêyê

茶壺
çaydanik

糖盒
qûtî şekirê

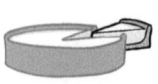

一份飯菜
beş

義式咖啡機
mekîna çêkirinê espresso

高腳椅
kursiya bilînd

帳單
hesab

托盤
sênî

刀
kêr

餐叉
çetel

勺子
kevçî

茶匙
kevçiya çay

餐巾
pêşgir

玻璃杯
qedeh

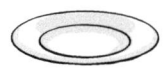

碟子

teyfik

湯盤

teyfika şorbe

碟子

piyale

醬

çênc

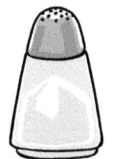

鹽瓶

xwêdank

胡椒研磨罐

qûtî bîbar

醋

sêk

食用油

rûn

調味料

biharat

番茄醬

ketçap

芥末

mustard

美乃滋

mayonêz

超市
bazar

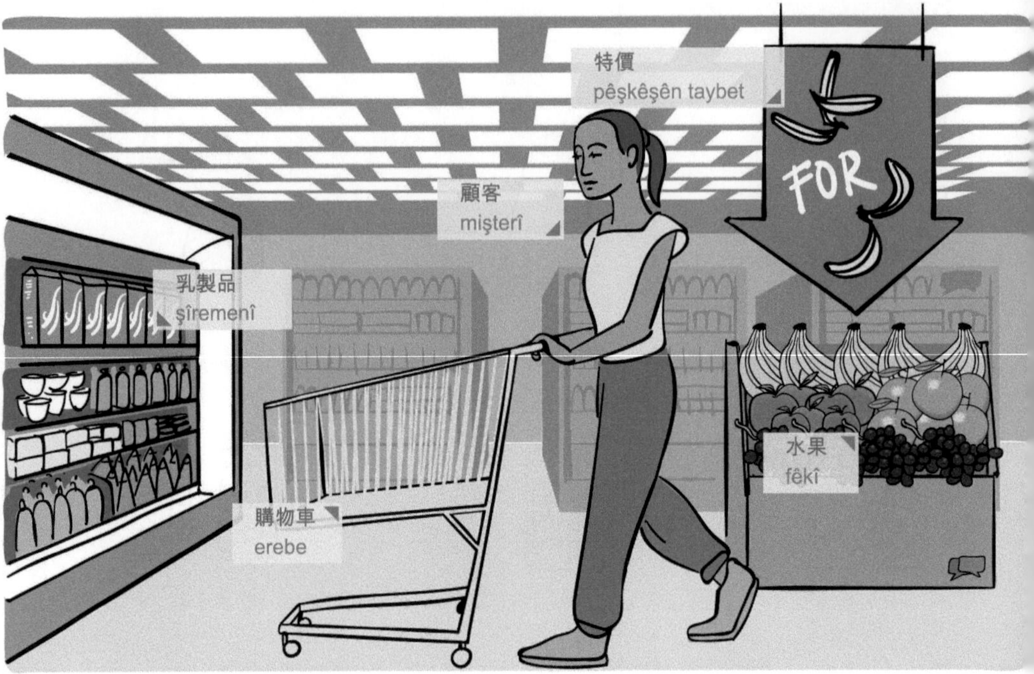

特價
pêşkêşên taybet

顧客
mişterî

乳製品
şîremenî

購物車
erebe

水果
fêkî

FOR

肉鋪

qesabî

麵包店

dikana nanpêj

稱重

wezin kirin

蔬菜

sebze

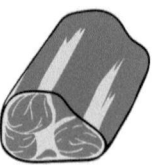

肉

goşt

冷凍食品

xwarinê cemedî

冷盤

goştê sar

罐頭食品

xwarina pîlê

洗衣粉

xubarê paqijkirinê

甜食

şirînî

日用品

berhemên navxweyî

清潔用品

berhemên paqijkirinê

銷售員

firoşyar

收銀機

xeznok

收銀員

diravgir

購物清單

lîsta kirrînê

開放時間

demên vekirî

錢包

cizdan

信用卡

kartê qerzê

袋子

çewal

塑膠袋

çente

水

av

果汁

şerbet

牛奶

şîr

可樂

komir

紅酒

şerab

啤酒

bîra

酒

alkol

可可

kakwo

茶

çay

咖啡

qehwe

義式濃縮咖啡

espresso

卡布奇諾

kapoçîno

香蕉

moz

蘋果

sêv

柳丁

pirteqalî

西瓜

gundor

檸檬

lîmon

胡蘿蔔

gêzer

大蒜

sîr

竹子

qamir

洋蔥

pîvaz

蘑菇

qarçik

堅果

gewîz

麵條

şihîre

義大利麵

spagêttî

米飯

birinc

沙拉

selete

薯條

çîps

炸馬鈴薯

peteteya biraştî

披薩餅

pîza

漢堡

hamburger

三明治

nanok

炸豬排

goştê stûyê berxî

火腿

goştê hişkkirî

義大利臘腸

salamê

香腸

sosîs

雞肉

mirîşk

烤肉

bijartin

魚

masî

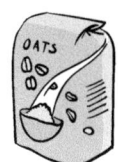

燕麥片

şorbe bilûl

木斯里

mûslî

玉米片

kertên gilgilan

麵粉

ard

牛角麵包

croissant

麵包捲

semûn

麵包

nan

吐司

tost

餅乾

nanik

奶油

nivîşk

凝乳

mast

蛋糕

kulîçe

蛋

hêk

煎蛋

hêka qelandî

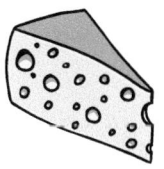

起司

penîr

冰淇淋

dondirme

糖

şekir

蜂蜜

hingiv

果醬

mireba

巧克力醬

xameya nougat

咖哩

kurrî

農場

cotgeh

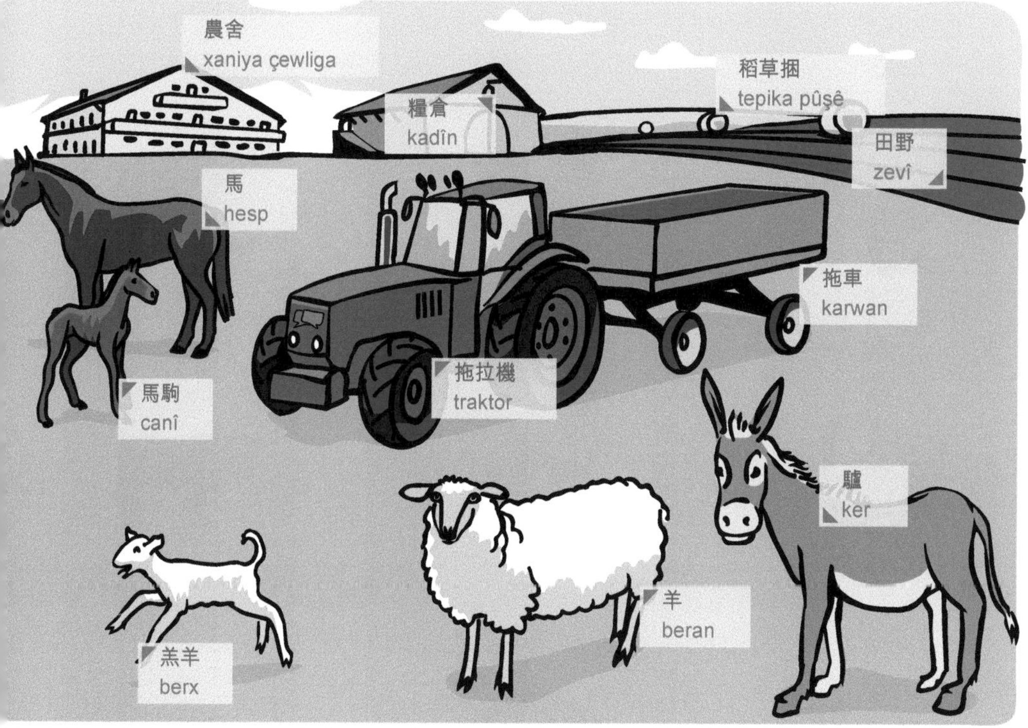

農舍
xaniya çewliga
糧倉
kadîn
稻草捆
tepika pûşê
田野
zevî
馬
hesp
拖車
karwan
拖拉機
traktor
馬駒
canî
驢
ker
羊
beran
羔羊
berx

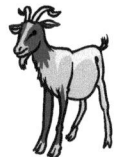

山羊

bizin

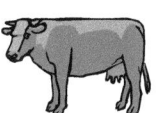

奶牛

çêlek

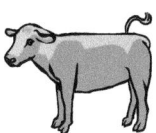

小牛

golik

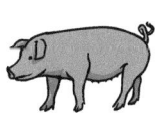

豬

beraz

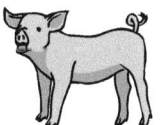

小豬

xinzîrk

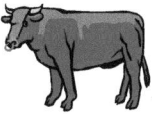

公牛

boxe

鵝

qaz

鴨

miravî

小雞

cûçik

母雞

mirîşk

公雞

keleşêr

鼠

circ

貓

kitik

老鼠

mişk

牛

ga

狗

kûçik

狗屋

xaniya kûçikê

花園澆水軟管

xanî baxê

澆水壺

qûtîka avdanê

長柄大鐮刀

şalûk

犁

gasin

鐮刀

das

鋤頭

merbêr

長柄草耙

darsapik

斧頭

bivir

獨輪手推車

destgere

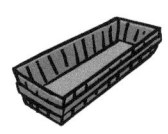

飼料槽

qûtî xwarina candaran

牛奶罐

qûtî şîr

麻布袋

tûr

柵欄

çeper

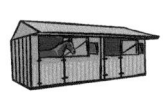

馬廄

axur

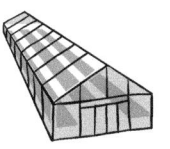

溫室

xana kulîlkan

土壤

ax

種子

dendik

肥料

peyn

聯合收割機

kombayn

收割

zad

收割

zad

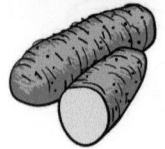

地瓜

petete

小麥

genim

大豆

fasolî

土豆

petete

玉米

dexl

油菜籽

dindik

果樹

darê fêkî

樹薯

sêvê bin erdê

穀物

zad

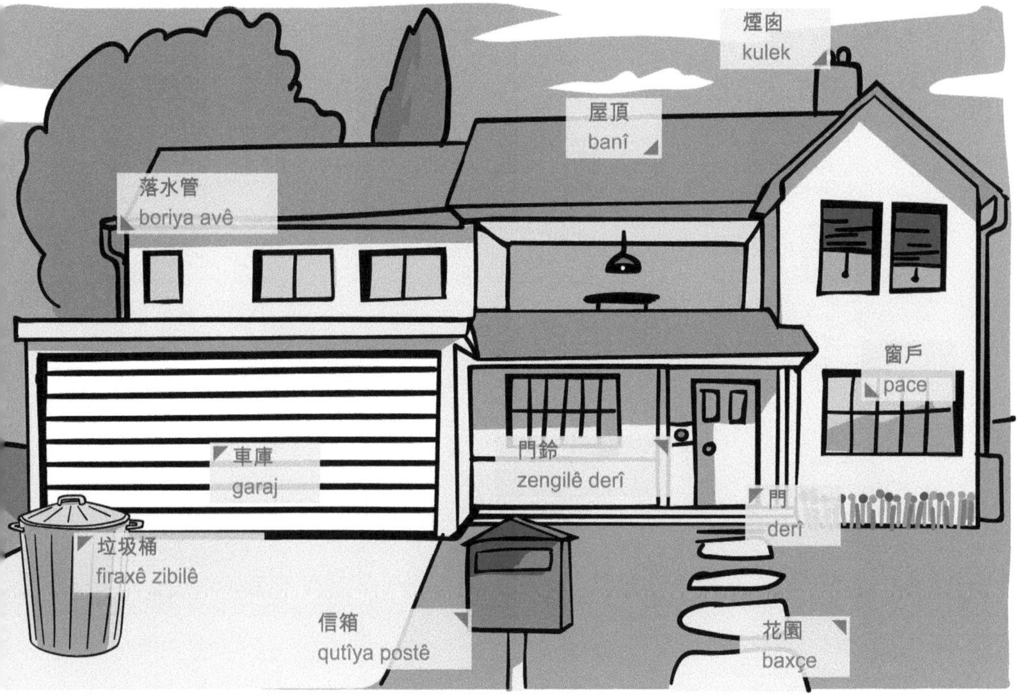

煙囪
kulek

屋頂
banî

落水管
boriya avê

窗戶
pace

車庫
garaj

門鈴
zengilê derî

門
derî

垃圾桶
firaxê zibilê

信箱
qutîya postê

花園
baxçe

客廳
oda rûniştinê

浴室
hemam

廚房
metbex

臥室
oda xewê

兒童房
odeya zarok

餐廳
oda şîvê

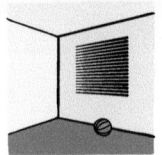

地板

binî

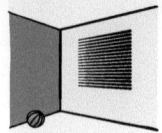

牆壁

dîwar

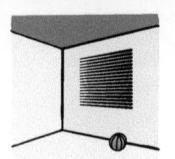

天花板

berban

地窖

xenzik

三溫暖

sauna

陽臺

balkon

露臺

berdanik

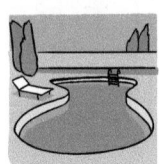

游泳池

hewza melevanî

割草機

çîmen birr

被單

melhefe

床罩

betanî

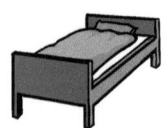

床

nivîn

掃帚

gezik

水桶

satil

開關

kilîl

客廳

oda rûniştinê

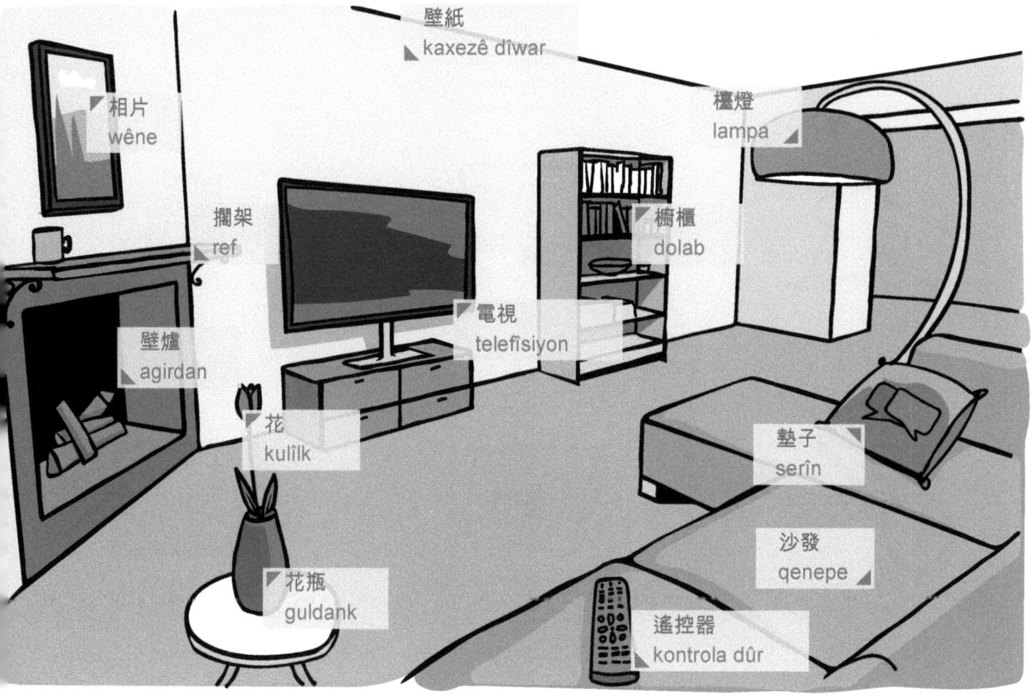
壁紙
kaxezê dîwar
相片
wêne
檯燈
lampa
擱架
ref
櫥櫃
dolab
電視
telefîsiyon
壁爐
agirdan
花
kulîlk
墊子
serîn
沙發
qenepe
花瓶
guldank
遙控器
kontrola dûr

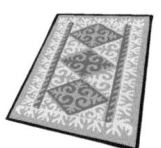

地毯

xalîçe

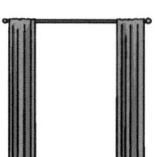

窗簾

perde

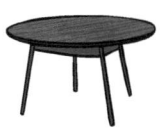

餐桌

mêz

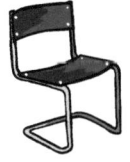

椅子

kursî

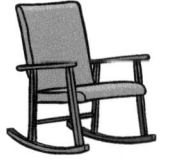

搖椅

kursiya hejanok

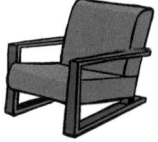

扶手椅

kursî

書
pirtûk

毯子
betanî

裝飾品
xemilandin

木柴
êzing

電影
fîlm

高傳真音響
hi-fi

鑰匙
kilîl

報紙
rojname

油畫
nîgar

海報
poster

收音機
radyo

筆記本
defter

吸塵器
sivnika elektrîkî

仙人掌
kaktûs

蠟燭
mom

廚房

metbex

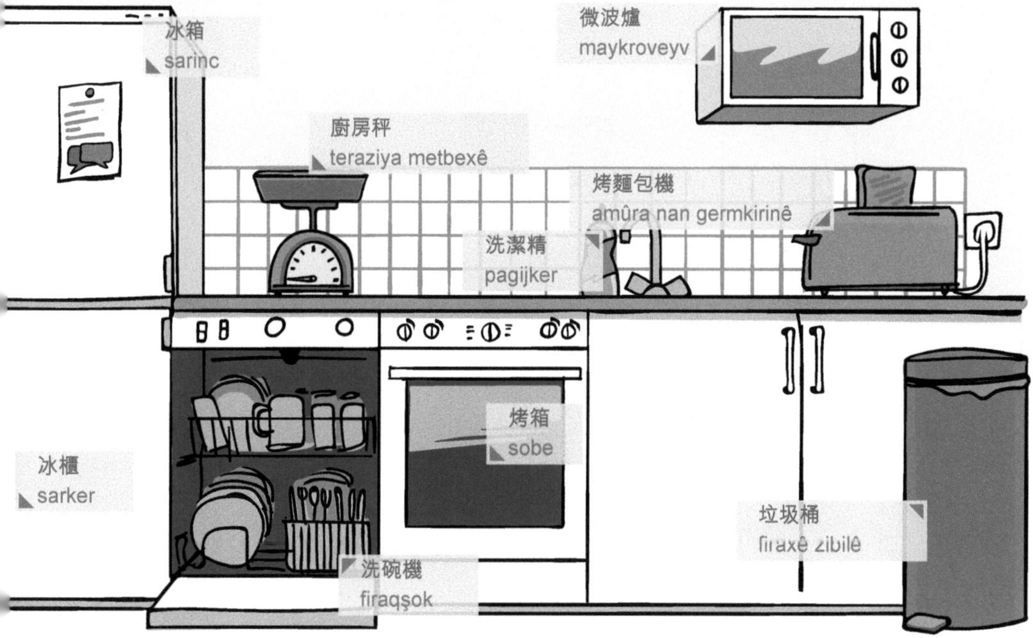

冰箱
sarinc
微波爐
maykroveyv
廚房秤
teraziya metbexê
烤麵包機
amûra nan germkirinê
洗潔精
pagijker
烤箱
sobe
冰櫃
sarker
垃圾桶
firaxê zibilê
洗碗機
firaqşok

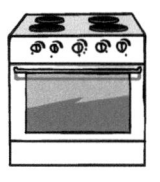

炊具

sobe

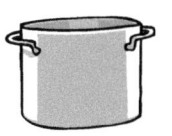

鍋

aman

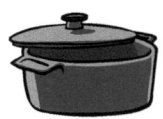

鑄鐵鍋

amaê ûtû

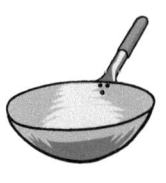

炒鍋

firaqê mezin

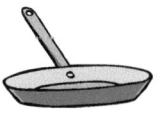

平底鍋

dîzik

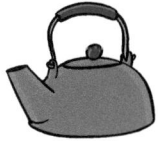

水壺

kelînk

蒸鍋

firaqê hilmê

烤盤

sênî nanê

陶瓷鍋

firaq

馬克杯

piyale

碗

kasik

筷子

darê nanxwarin

長柄勺

hesk

鏟子

kevçiya mezin

攪拌器

rînek

濾網

kefgîr

篩子

bêjing

磨碎機

rêşker

研缽

destar

燒烤

biraştin

明火

agirê vala

菜板

texteya birrînê

擀麵杖

darikê tîrê

開瓶器

devik badek

罐子

qûtî

開罐器

qûtîvekir

隔熱手套

cawê amanan

水槽

destşo

刷子

firçe

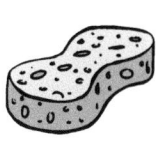

海綿

parazoa

攪拌機

tevdêr

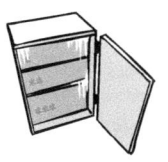

冷藏箱

sarkerê cemedî

奶瓶

şûşe bebikan

水龍頭

henefî

浴室

hemam

供暖裝置
germijank
毛巾
xawlî
淋浴
dûş
浴簾
perdeya hemamê
泡沫浴
kefê hemam
浴缸
hewza hemam
玻璃杯
qedeh
洗衣機
cilşok
水龍頭
henefî
瓷磚
acûr
便壺
tiwaleta zarokan
水槽
destşo

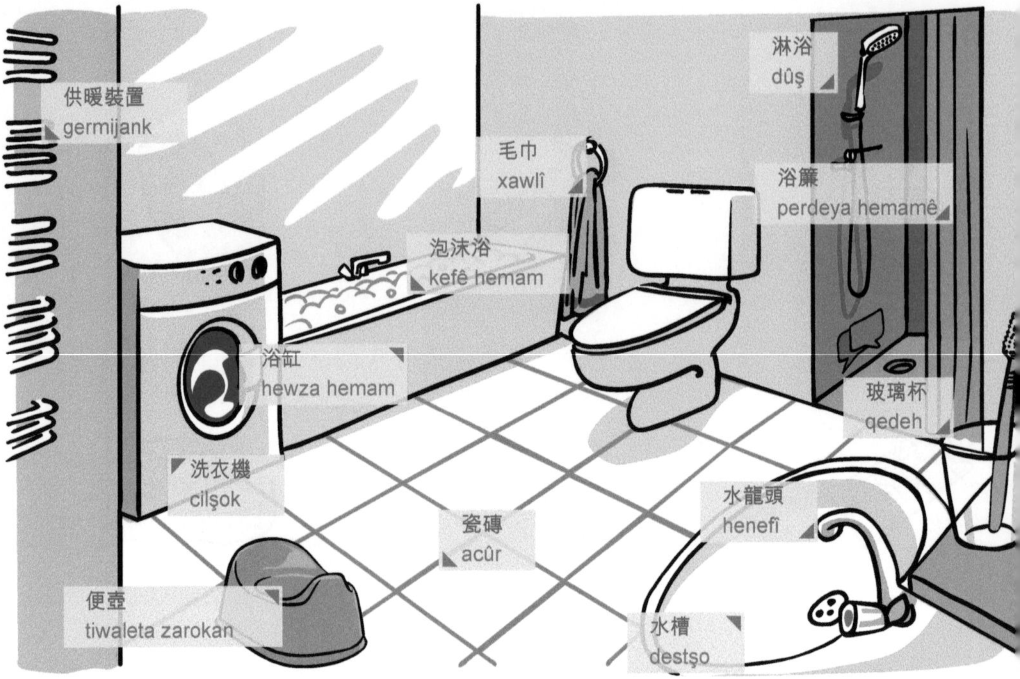

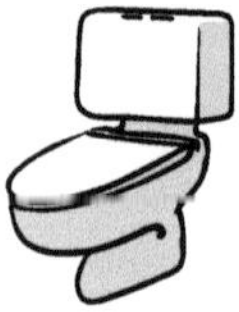

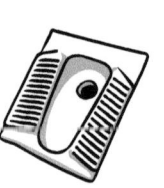

廁所

tiwalet

蹲便器

tiwaleta erdê

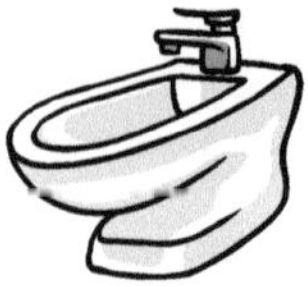

坐浴器

tiwalet

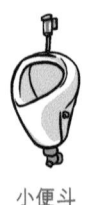

小便斗

avdestxana mêran

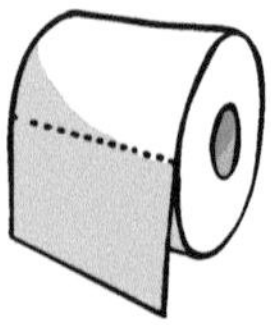

廁紙

kaxeza tiwalet

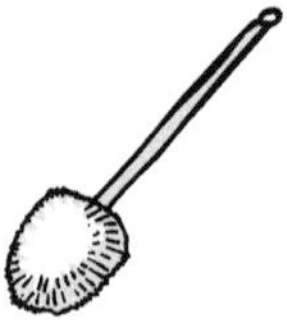

馬桶刷

firşeya tiwalet

牙刷
firçeya diran

牙膏
mecûna diran

牙線
nexa didan

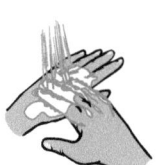

洗
şûştin

手持式蓮蓬頭
dûşê destê

沖洗器
dûş

洗臉盆
destşo

洗背刷
firça pişt

肥皂
sabûn

沐浴露
cêlê hemam

洗髮乳
şampo

法蘭絨
fanîle

排水
zêrab

乳霜
kirêm

除臭劑
bêhn xweşkir

鏡子

mirêk

手鏡

mirêka destê

刮鬍刀

gûzan

刮鬍泡沫

kefê teraşînê

鬍後水

mecûna piştî teraşînê

梳子

şeh

刷子

firçe

吹風機

por hîşikkir

噴髮定型劑

sipraya porê

化妝品

kozmetîk

唇膏

soravk

指甲油

rengê nînok

化妝棉

pembû

指甲剪

meqesta nînok

香水

parfûm

洗漱包

çewalê hemamê

凳子

kursiya bêpişt

計重秤

terazî

浴袍

kinca hemamê

橡膠手套

lepika lastîkê

衛生棉條

tampon

衛生棉

xawliya paqijkirinê

化學廁所

tiwaleta kîmîyewî

兒童房

odeya zarok

鬧鐘
demjimêrk
毛絨玩具
lîstok
玩具車
maşîna lîstok
撥浪鼓
xişxişok
玩具屋
mala lîstok
禮物
xelat

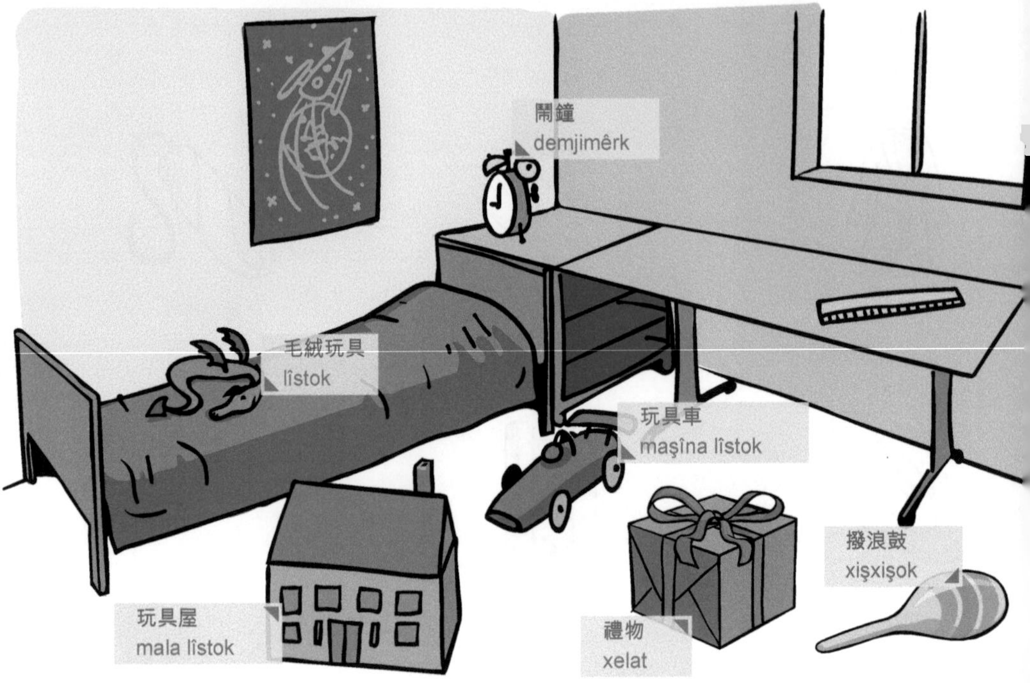

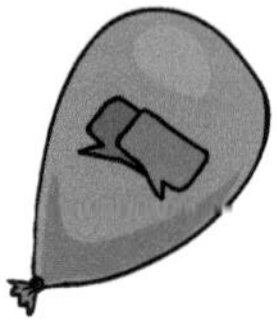

氣球

pifdank

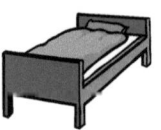

床

nivîn

嬰兒車

koçk

撲克牌

lîstika kartê

拼圖

frîzbî

SUPER
MEGA

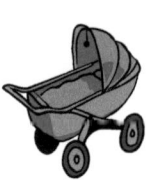

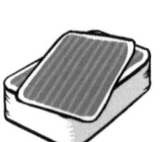

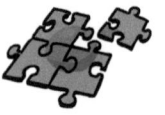

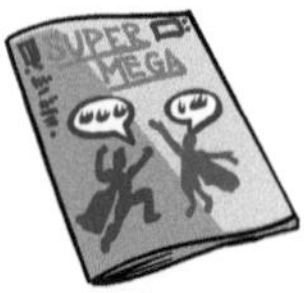

漫畫

komîk

樂高積木

acûra lêgo

積木玩具

acûra lîstok

公仔

bûke şûşe

嬰兒服

kinca bebikan

飛盤

frizbee

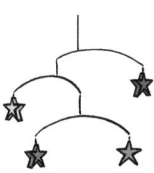

床鈴玩具

veguhestin

棋盤遊戲

lîstikên texte

骰子

mor

火車模型

modêla trênê

安撫奶嘴

memik

派對

cejn

繪本

kitêba wêne

球

top

洋娃娃

bûke şûşe

玩

leyîstin

沙坑

kuna xîzê

鞦韆

colane

玩具

lîstokan

電玩遊戲

lîstika vîdeoyî

三輪車

sêçerxe

泰迪熊

hirça lîstok

衣櫃

cildank

衣服

kinc

襪子

gore

長襪

gore

緊身褲

derpêgorê

圍巾
şal

皮帶
qayiş

雨傘
çetir

T恤
kiras

運動鞋
pêlav

靴子
şekal

拖鞋
pêlavê nav malê

涼鞋
solik

鞋
sol

雨靴
potîna çermê

內褲
pantolê jêr

胸罩
pêsîrbend

背心
çekbend

衣服 - kinc

身體

cendek

褲子

pantol

牛仔褲

jeans

短裙

daman

女式襯衫

kiras

襯衫

kiras

套頭衫

fanêle

連帽上衣

fanêle

西裝夾克

cakêt

夾克

sako

外套

çaket

雨衣

baranî

套裝

lebas

連衣裙

fîstan

婚紗

cilê dawetê

西裝
kostum

睡袍
pêcame

睡衣
pêcame

莎麗
saree

頭巾
leçik

包頭巾
mêzer

波卡
hêram

卡夫坦
kaftan

(阿拉伯式)長袍
eba

泳衣
kinca ajnêkirin

男式泳褲
cilka melevanî

短褲
şort

運動服
cila hêvojkarî

圍裙
pêşmal

手套
lepik

鈕扣

dûgme

眼鏡

berçavik

手鏈

bazin

項鍊

gerdenî

戒指

gustîl

耳環

guhark

便帽

devik

衣架

hilavistek

帽子

kûm

領帶

kirawat

拉鍊

zîp

安全帽

serparêz

背帶

derzî

校服

kinca dibistanê

制服

yûnîform

圍兜
berdilk

安撫奶嘴
memik

尿布
pundax

辦公室
ofîs

伺服器
pêşkeşker

檔案櫃
dolabê belge

印表機
çaper

紙
kaxez

螢幕
nîşander

滑鼠
mişk

辦公桌
mase

資料夾
defter

鍵盤
klavye

廢紙簍
sepeta kaxezê

電腦
komputer

椅子
kursî

咖啡杯
kasika qehwe

計算機
hesabker

網際網路
înternet

筆記型電腦

komputera laptop

信件

name

簡訊

peyam

行動電話

telefona mobîl

網路

tor

影印機

mekîna fotokopî

軟體

software

電話

telefon

插座

socketa fîşek

傳真機

mekîna faxê

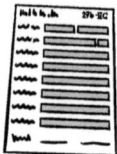

表格

form

檔案

belge

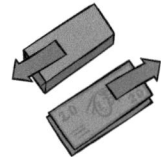

買

standin

付錢

pere dan

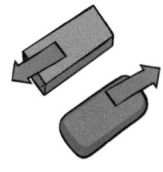

交易

bazirganî

現金

pere

美元

dollar

歐元

yoro

日元

yenê Japonê

盧布

roblê Rûsî

瑞士法郎

firankê Swîsê

人民幣

yuanê Çînê

盧比

rûpee Hindî

提款處

mekîna jixwebera dirav

外幣兌換處

ofîsa pere veguhartinê

金

zêrr

銀

zîv

石油

neft

能源

wize

價格

biha

合約

peyman

稅金

tax

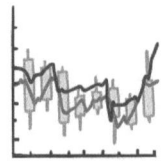

股票

seham

工作

karkirin

職員

karker

老闆

karda

工廠

fabrîka

商店

dikan

職業
profesyon

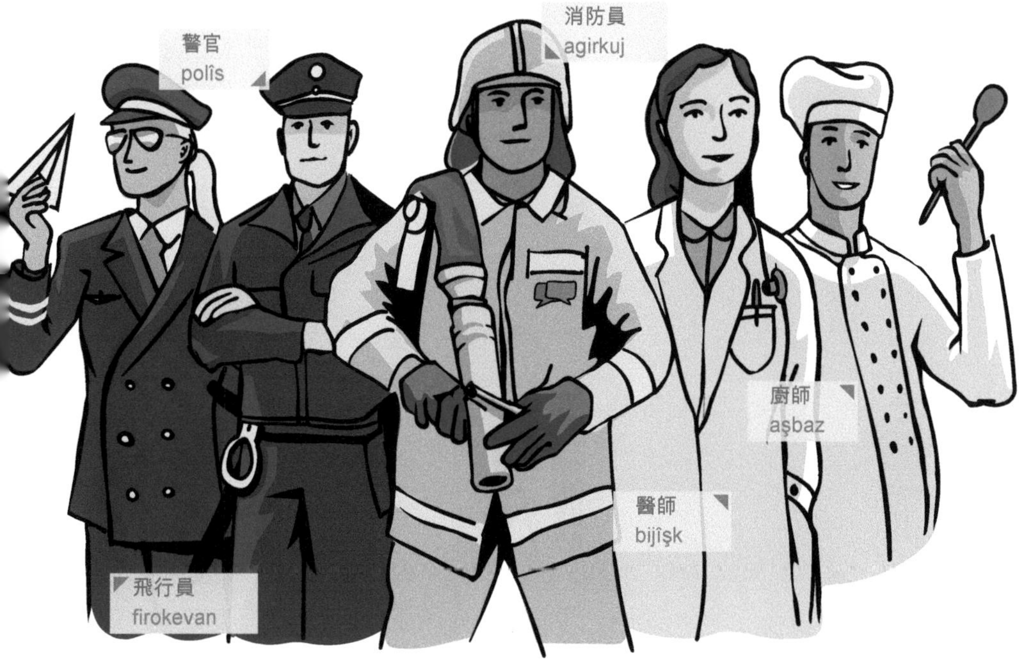
警官
polîs
消防員
agirkuj
廚師
aşbaz
醫師
bijîşk
飛行員
firokevan

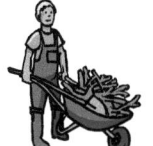

園丁

baxçevan

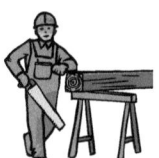

木匠

necar

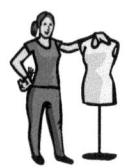

裁縫

dirûnvan

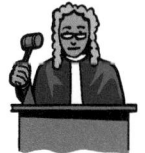

法官

hakim

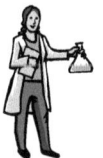

化學家

şîmyazan

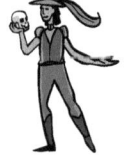

演員

şanoger

公車司機

şufêrê basê

計程車司機

şufêrekî taksiyê

漁夫

masîvan

清洗女工

pagijker

屋頂工

çêkirê banî

服務生

berkar

獵人

nêçirvan

畫家

rengrês

麵包師

nanpêj

電工

karebavan

建築工人

avaker

工程師

endezyar

屠夫

qesab

水管工

lûlekar

郵差

postevan

士兵

esker

建築師

mîmar

收銀員

diravgir

花農

firotkara çîçekan

理髮師

porçêker

售票員

ajovan

機械技師

mekanîk

船長

keştîvan

牙醫

pizîşka didanan

科學家

zanistyar

拉比

rûhan

伊瑪目

îmam

和尚

keşe

牧師

keşîş

工具

amûran

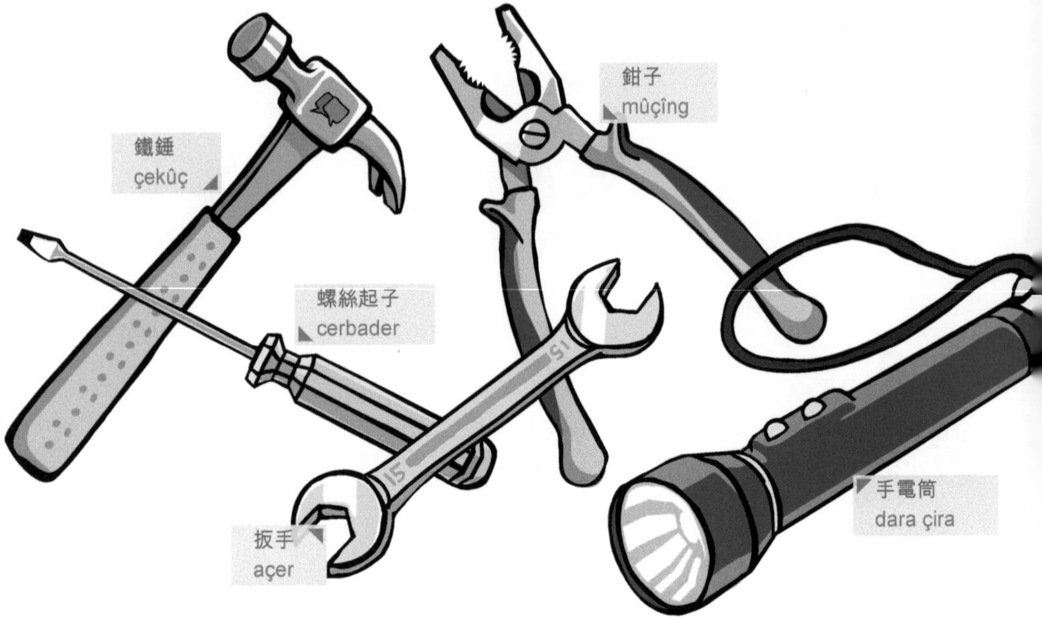
鐵錘
çekûç
鉗子
mûçîng
螺絲起子
cerbader
扳手
açer
手電筒
dara çira

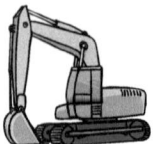

挖掘機

şofel

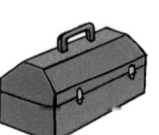

工具箱

qûtiya amûran

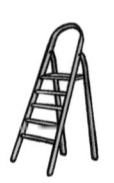

梯子

peyje

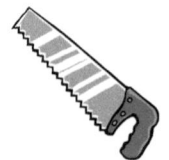

鋸子

mişar

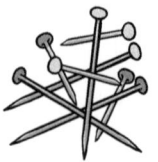

釘子

mîx

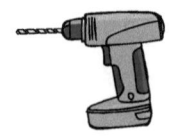

鑽機

qulkirin

修
çêkirin

鏟子
merbêr

糟糕！
nalet!

畚箕
bêl

油漆桶
qûtiya rengê

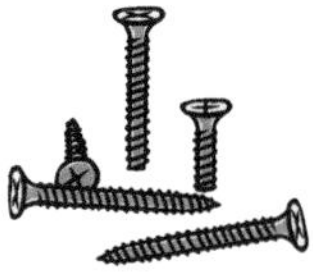

螺絲
cerr

樂器

amûrên mûzîkê

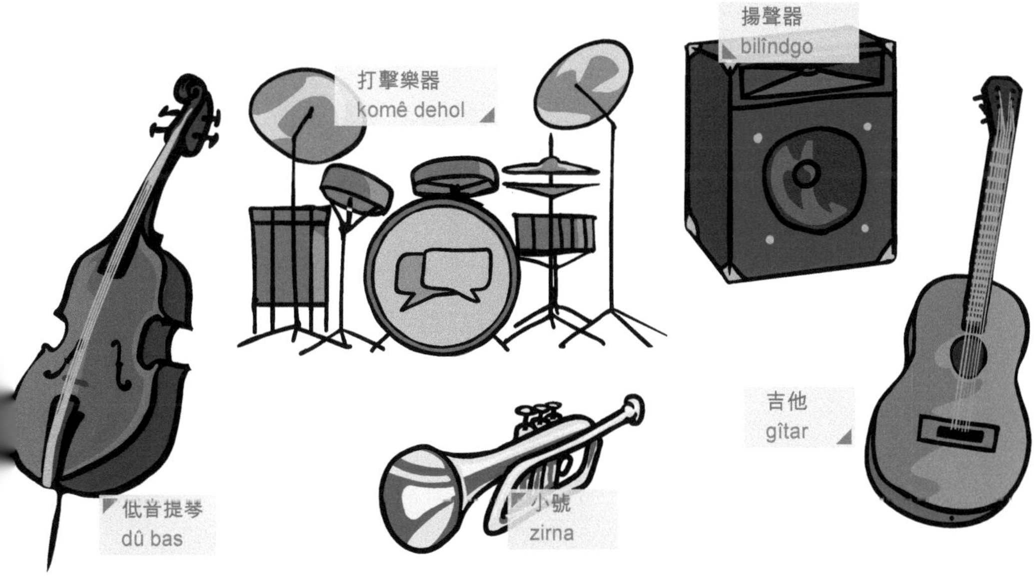

揚聲器
bilîndgo

打擊樂器
komê dehol

吉他
gîtar

低音提琴
dû bas

小號
zirna

鋼琴

piyano

小提琴

viyolîn

貝斯

bas

定音鼓

dehol

鼓

dahol

電子琴

keyboard

薩克斯風

saksofon

長笛

bilûr

麥克風

mîkrofon

baxça heywanan

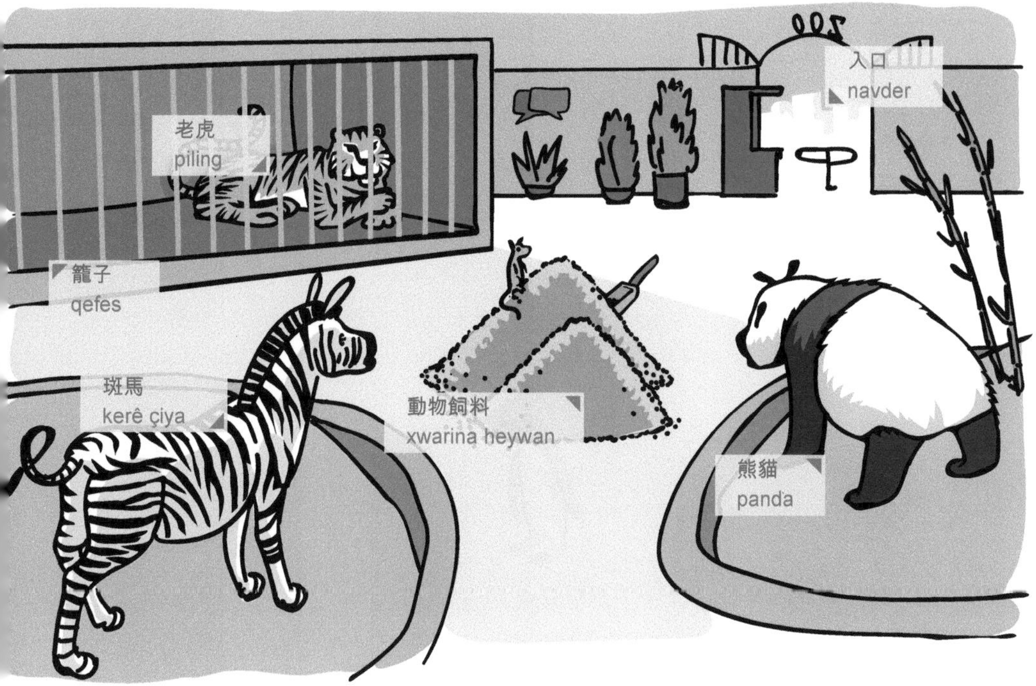
老虎
piling
入口
navder
籠子
qefes
斑馬
kerê çiya
動物飼料
xwarina heywan
熊貓
panda

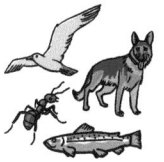

動物

heywan

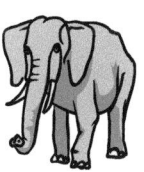

大象

fîl

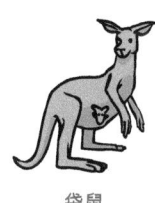

袋鼠

kangarû

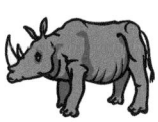

犀牛

kerkeden

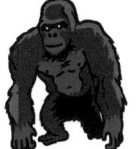

大猩猩

gorîl

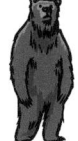

熊

hirç

駱駝

hêştir

鴕鳥

hêştirme

獅子

şêr

猴子

meymûn

紅鶴

flamîngo

鸚鵡

papaxan

北極熊

hirça cemserî

企鵝

penguîn

鯊魚

semasî

孔雀

tawûs

蛇

mar

鱷魚

timsah

動物園管理員

parêzera baxça ajalan

海豹

seya derya

美洲豹

piling

矮種馬
hesp

豹
piling

河馬
hespê rûbar

長頸鹿
canhêştir

老鷹
helo

野豬
berazê kovî

魚
masî

龜
kûsî

海象
walras

狐狸
rovî

羚羊
xezal

橄欖球
fûtbolê Amerîka

騎腳踏車
bisiklêtan

網球
tenîs

籃球
baskêtbol

游泳
avjenîkirin

拳擊
boxing

冰球
hokeya ser cemedê

美式足球
fûtbol

羽毛球
badminton

田徑
yê atletîzmê

手球
hendbol

滑雪
befirajotin

馬球
polo

活動

çalakiyan

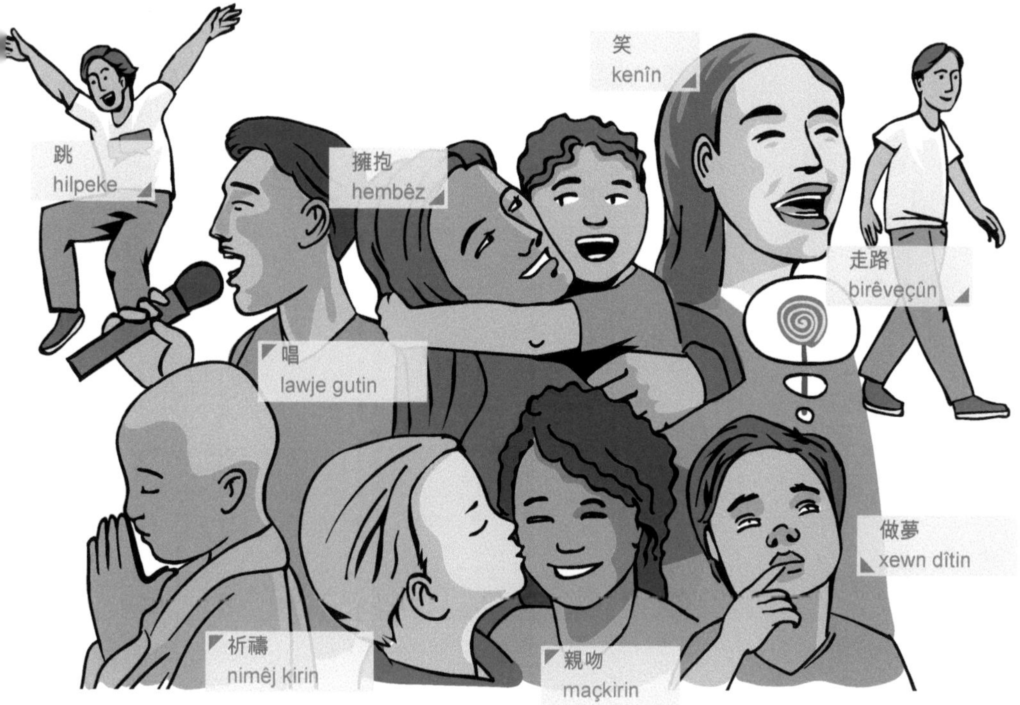
笑
kenîn
跳
hilpeke
擁抱
hembêz
走路
birêveçûn
唱
lawje gutin
做夢
xewn dîtin
祈禱
nimêj kirin
親吻
maçkirin

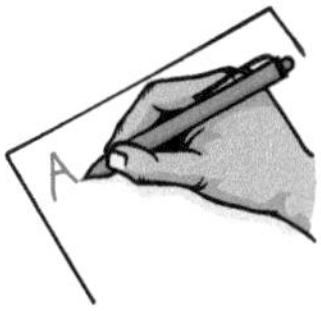

書寫

nivîsandin

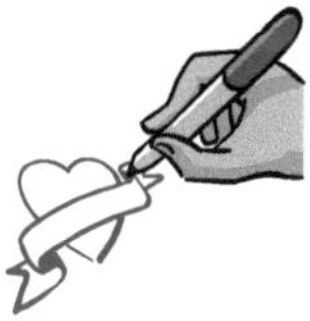

畫

nîgar kêşan

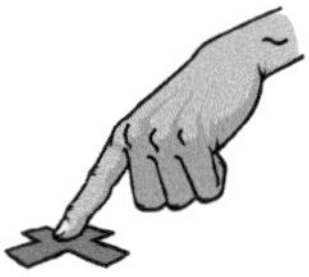

展示

nîşan dan

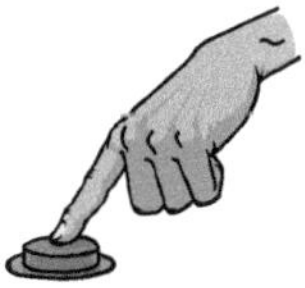

推

paldan

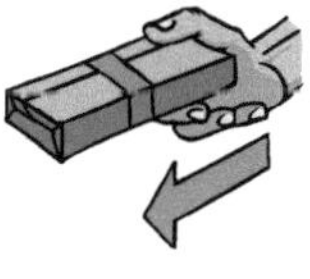

給

dayîn

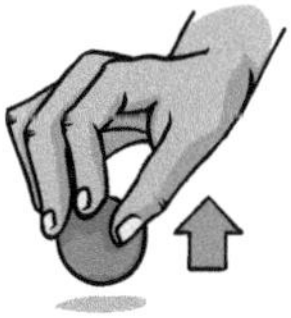

拿

rakirin

有
heyîn

做
kirin

當
bûn

站
sekinîn

跑
bazdan

拉
kişandin

丟
avêtin

摔倒
ketin

躺
derew kirin

等待
sekinîn

攜帶
guhêztin

坐
rûniştin

穿衣
cil berkirin

睡覺
razan

醒來
rabûn

看

mêze kirin

哭

girîn

擊

celte

梳頭

şe kirin

交談

peyvîn

明白

famkirin

問

pirskirin

聽

bihîstin

喝

vexwarin

吃

xwarin

清理

kom kirin

愛

hezkirin

做飯

xwarin çêkirin

開車

ajotin

飛

firrîn

航行

kesştîvanî

計算

hesibandin

讀

xwandin

學習

hînbûn

工作

karkirin

結婚

zewicîn

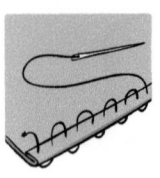

縫

dirûtin

刷牙

didan şûtin

殺

kuştin

抽菸

dûxan

寄

şandin

祖母
dapîr

祖父
bapîr

母親
dê

父親
bav

嬰兒
bebek

女兒
keç

兒子
kur

客人

mêvan

阿姨

met

叔叔

ap/xal

兄弟

bira

姐妹

xwişl

身體

beden

前額
enî
眼睛
çav
肩膀
mil
手指
tilî
臉
rû
下巴
zenî
手
dest
腿
ling
乳房
sîng
手臂
pîl

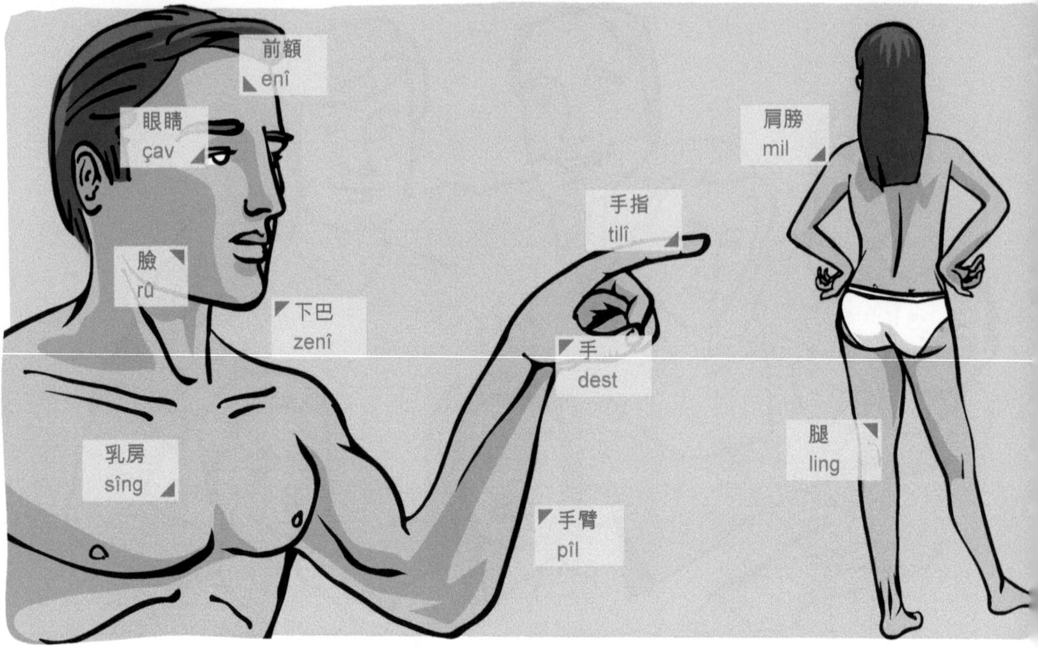

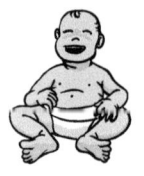

嬰兒
bebek

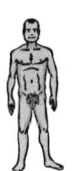

男人
mêr

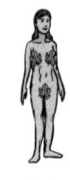

女人
jin

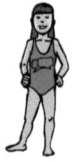

女孩
keç

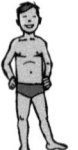

男孩
kor

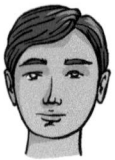

頭
ser

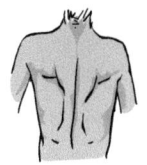

背部

pişt

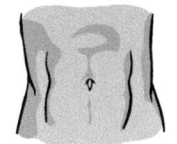

肚子

zik

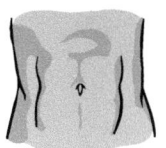

肚臍

navik

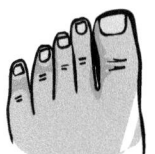

腳趾

tilîya pê

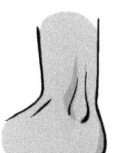

腳後跟

panî

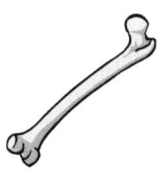

骨頭

hestî

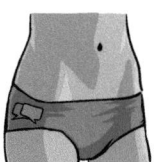

臀部

kûlîmek

膝蓋

jûnî

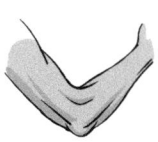

手肘

enîşk

鼻子

difn

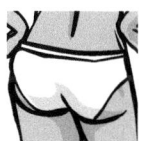

屁股

qûn

皮膚

çerm

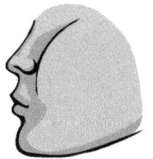

臉頰

rû

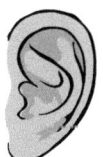

耳朵

gûh

嘴唇

lêv

嘴

dev

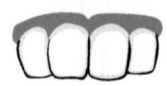

牙齒

diran

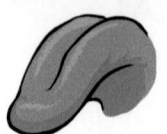

舌頭

ziman

腦

mêjî

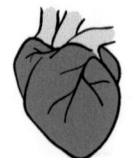

心臟

dil

肌肉

masûl

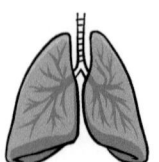

肺

cîgera spî

肝臟

ceger

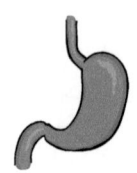

胃

made

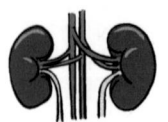

腎臟

gûrçikan

性交

cotbûn

保險套

kondom

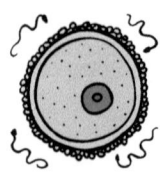

卵子

hêk

精子

tov

懷孕

dûcanî

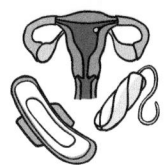

月事
ade

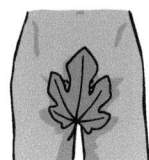

陰道
qûz

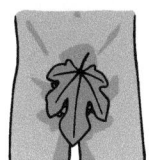

陰莖
kîr

眉毛
birû

頭髮
por

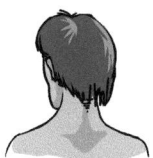

脖子
hûstû

醫院

nexweşxane

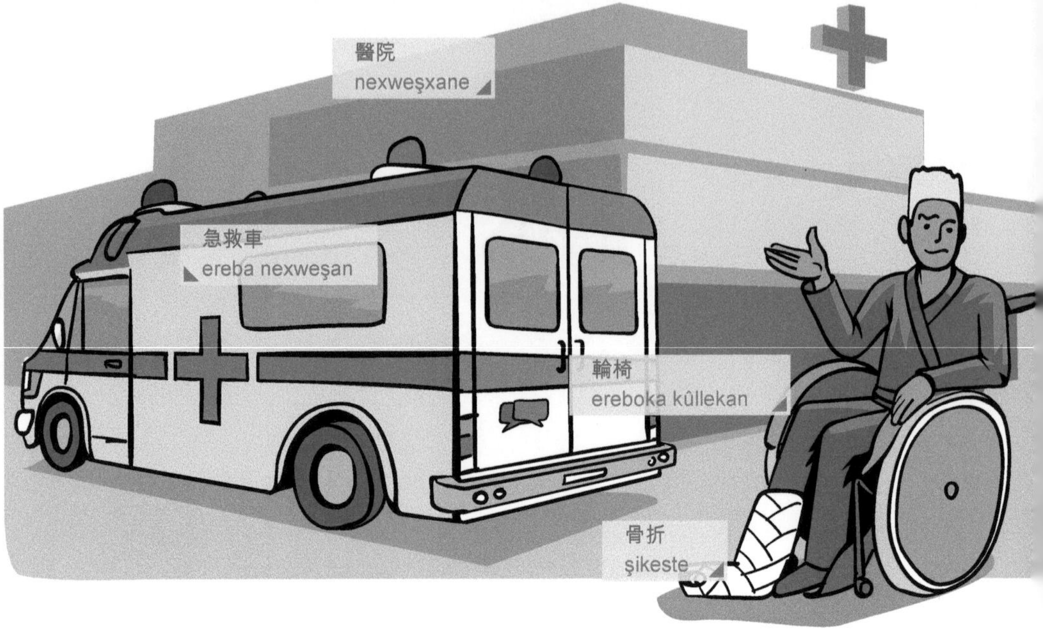

醫院
nexweşxane
急救車
ereba nexweşan
輪椅
ereboka kûllekan
骨折
şikeste

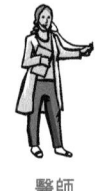

醫師

bijîşk

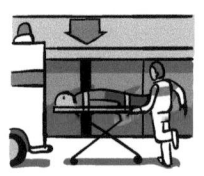

急診室

oda lezgînê

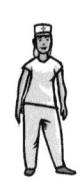

護理師

nexweşyar

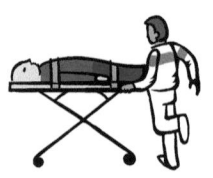

緊急情形

acîlîyet

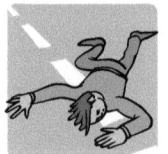

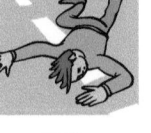

昏迷

bêhay

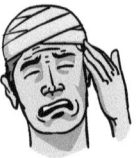

痛

êş

受傷
birîn

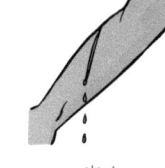

出血
xwînpijan

心臟病發作
hêrişa dilî

中風
celte

過敏
alerjî

咳嗽
kuxik

發燒
ta

流感
zikam

腹瀉
navçûyin

頭痛
serêş

癌症
qansêr

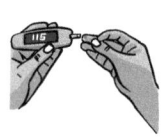

糖尿病
nexweşiya şekirê

外科醫師
emelîkar

手術刀
skalpêl

手術
emelî

電腦斷層掃描
CT

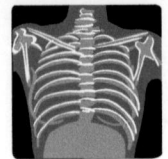

X光
sûretê rontgên

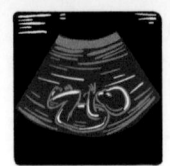

超音波
ûltrasawnd

口罩
maskê rûyê

疾病
nexweşî

候診室
oda sekinînê

拐杖
goçan

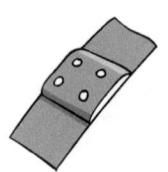

石膏
şêl

繃帶
paçê birînpêçanê

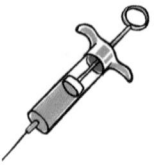

注射
derzî

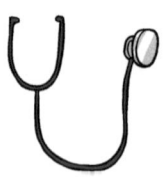

聽診器
bîstoka pizîşkî

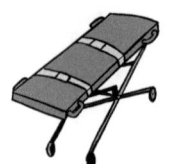

擔架
darbest

體溫計
têhnpîva klînîkê

出生
zayîn

超重
qelew

助聽器

alîkariya bihîstinê

消毒液

bakterîkuj

感染

kotîbûn

病毒

vîrûs

愛滋病

HIV / AIDS

藥物

derman

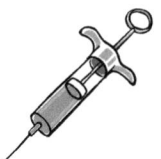

接種疫苗

kutan

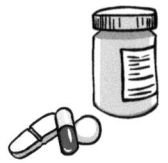

藥片

heban

藥丸

heb

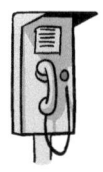

急救電話

lezgîn

血壓計

dîmenderê pesto xwîn

生病/健康

nexweş / sax

救命！

Hewar!

警報

alarm

突擊

êrîş

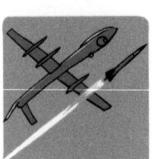

攻擊

êrîşkirin

危險

talûk

緊急出口

derketina acil

失火了！

agir!

滅火器

agir vemirandinê

意外

qeza

 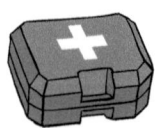

急救箱

aletên alîkariya yekem

呼救訊號

SOS

員警

polîs

歐洲

Ewropa

北美洲

Amerîkaya Bakûr

南美洲

Amerîkaya Başûr

非洲

Afrîka

亞洲

Asya

澳洲

Awustralya

大西洋

Atlantîk

太平洋

Okyanûsa Mezin

印度洋

Okyanûsa Hindî

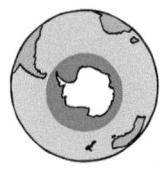

南冰洋

Okyanûsa Antarktîka

北冰洋

Okyanûsa Arktîk

北極

Cemsera Bakûr

南極
Cemsera Başûr

南極洲
Antarktîka

地球
erd

陸地
ax

海
behir

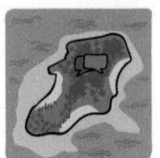

島
dûrge

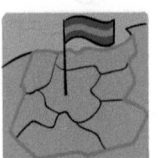

國家
milllet

州
welat

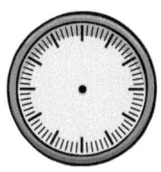

錶盤

rûyê saet

時針

nişanderka demjimêr

分針

nişanderka deqe

秒針

nişanderka saniye

現在幾點？

Seet çende?

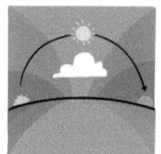

天

roj

時間

dem

現在

niha

電子錶

saetê dicîtal

分

deqe

時

seet

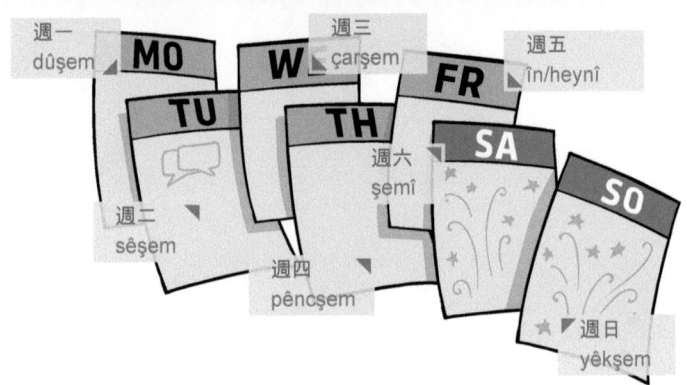

週一 dûşem

週三 çarşem

週五 în/heynî

週二 sêşem

週六 şemî

週四 pêncşem

週日 yêkşem

昨天

duh

今天

îro

明天

sibey

早晨

sibe

中午

nîvro

晚上

êvar

MO	TU	WE	TH	FR	SA	SU
1	2	3	4	5	6	7
8	9	10	11	12	13	14
15	16	17	18	19	20	21
22	23	24	25	26	27	28
29	30	31	1	2	3	4

工作日

rojên karê

MO	TU	WE	TH	FR	SA	SU
1	2	3	4	5	6	7
8	9	10	11	12	13	14
15	16	17	18	19	20	21
22	23	24	25	26	27	28
29	30	31	1	2	3	4

週末

dawiya hefte

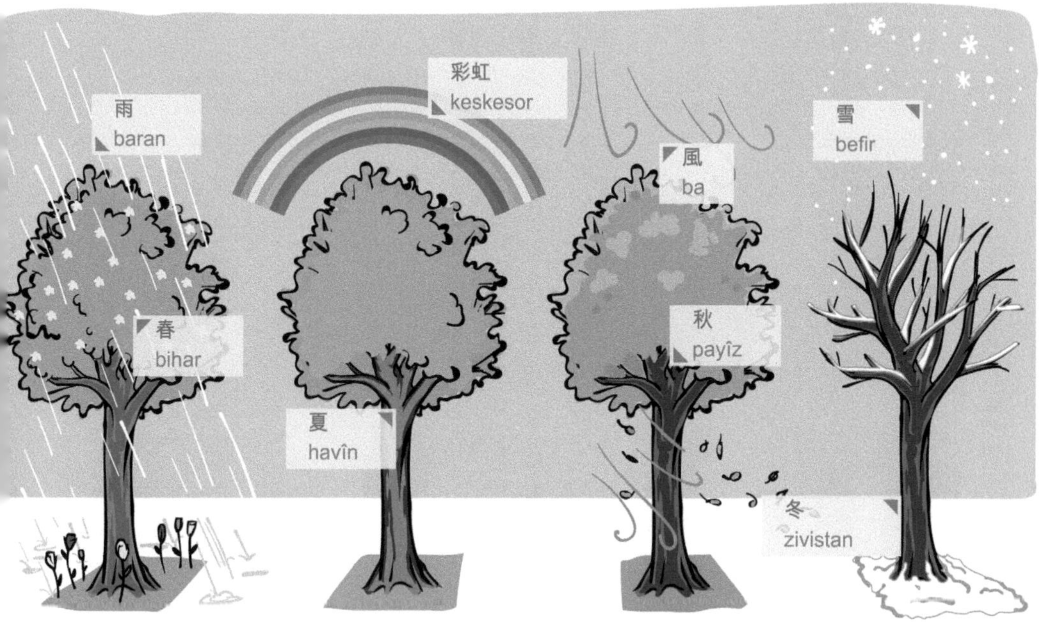

雨
baran
彩虹
keskesor
風
ba
雪
befir
春
bihar
夏
havîn
秋
payîz
冬
zivistan

4.APRIL 11°
5.APRIL 4°
6.APRIL 13°
7.APRIL 8°
8.APRIL 10°

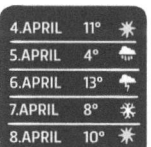

天氣預告

pêşbîniya hewa

F C
120 40
90 30
60 20
30 10
0 0
-30 -10
-20

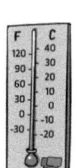

溫度計

tehnpîv

陽光

tav

雲

hewr

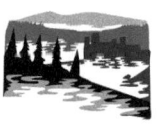

霧

mij

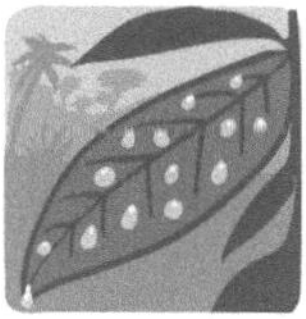

潮濕

hêmî

閃電

birq

打雷

brûsk

風暴

tofan

冰雹

terg

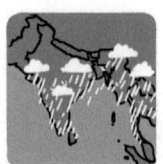

季風

mansûn

洪水

lehî

冰

cemed

一月

rêbendan

二月

reşeme

三月

newroz

四月

gulan

五月

cozerdan

六月

pûşper

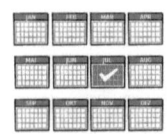

七月

gelawêj

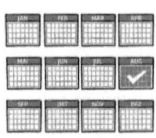

八月

xermanan

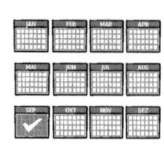

九月

rezber

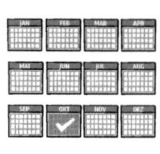

十月

kewçêr

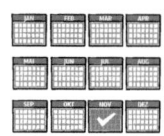

十一月

sermawez

十二月

befranbar

形狀
şêwe

圓形

çember

正方形

çarçik

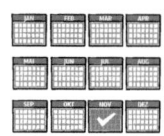

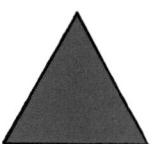

長方形

çarqozî

三角形

sêqozî

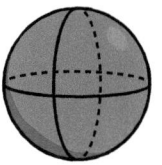

球體

qada

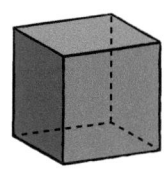

立方體

xiştek

白

sipî

黃

zer

橙

pirteqalî

粉

pembe

紅

sor

紫

mor

藍

şîn

綠

kesik

棕

qehweyî

灰

gewr

黑

reş

很多/少許

zor / kêm

生氣/平靜

bi hêrs / bêdeng

美/醜

bedew / nerind

首/尾

destpêk / dawî

大/小

mezin / biçûk

明/暗

ronî / tarî

兄弟/姐妹

brak / xwişk

乾淨/骯髒

pagij / girêj

完整/缺失

tevî / netemam

白天/晚上

roj / şev

死/生

mirî / zindî

寬/窄

fire / teng

可食用/非食用

xweş / nexweş

邪惡/善良

nebaş / baş

興奮/無聊

bi heyecan / aciz

胖/瘦

qelew / zirav

第一/最後

yekemîn / dawîn

朋友/敵人

heval / dijmin

滿/空

tijî / vala

硬/軟

req / nerm

重/輕

giran / sivik

餓/渴

birçî / tînî

生病/健康

nexweş / sax

非法/合法

neqanûnî / qanûnî

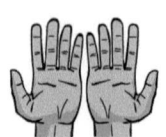

聰明/愚笨

rewşenbîr / balûle

左/右

çep / rast

近/遠

nêzî / dûr

新/舊

nû / bikarhatî

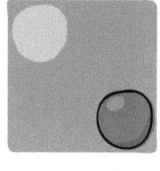

沒有/有些

hîç / tiştek

老/幼

kal / ciwan

開/關

li / ji

打開/闔上

vekirî / girtî

安靜/吵鬧

aram / dengbilind

富/窮

dewlemend / reben

對/錯

rast / şaş

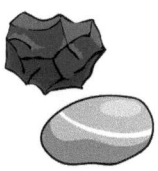

粗糙/光滑

dirr / hilû

傷心/高興

xemgîn / şa

短/長

kurt / dirêj

慢/快

hêdî / zû

濕/乾

şil / ziwa

溫暖/涼爽

germ / hênik

戰爭/和平

şerr / aşitî

hejmaran

0

零
sifir

1

一
yek

2

二
dû

3

三
sê

4

四
çar

5

五
pênc

6

六
şeş

7

七
heft

8

八
heşt

9

九
neh

10

十
deh

11

十一
yazde

12

十二

dazde

13

十三

sêzde

14

十四

çarde

15

十五

pazde

16

十六

şazde

17

十七

hefde

18

十八

hejde

19

十九

nozdeh

20

二十

bîst

100

百

sed

1.000

千

hezar

1.000.000

百萬

milyon

英語

Inglîzî

美式英語

Inglîziya Amerîkî

普通話

Çînî Mandarîn

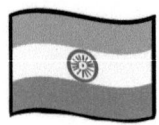

印地語

Hindî

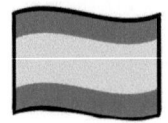

西班牙語

Îspanyolî

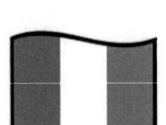

法語

Frensî

阿拉伯語

Erebî

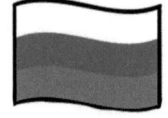

俄語

Rûsî

葡萄牙語

Portugalî

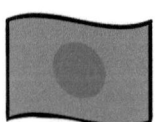

孟加拉語

Bengalî

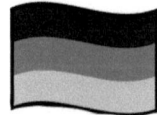

德語

Elmanî

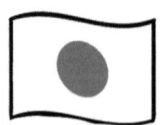

日語

Japonî

我

min

你

tu

他/她/它

ew / ev / ew

我們

em

你們

tu

他們

ew

誰？

kî?

什麼？

çi?

如何？

çawa?

何處？

kû?

何時？

kengî?

名字

nav

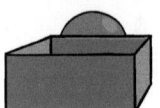

後面

p* p14tî

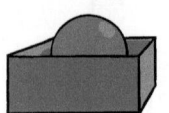

裡面

li

前面

pêşî

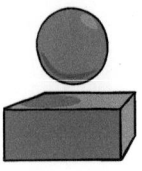

上方

ser

上面

ser

下麵

bin

旁邊

kêlek

中間

navber

地點

cih